📖 주제

· 삶과 죽음   · 사랑   · 가족

📖 활용 학년 및 교과 연계

초등과정	1-1 통합	가을1 > 1. 내 이웃 이야기
	2-1 국어	11. 상상의 날개를 펴요
	2-2 국어	4. 인물의 마음을 짐작해요
	4-1 과학	3. 식물의 한살이
	4-2 사회	4. 가족의 형태와 역할 변화

사라진 마법의 꽃잎

초등 첫 인문철학왕 40
사라진 마법의 꽃잎

글쓴이 박연숙 | **그린이** 장준영 | **해설** 박연숙
기획편집 이정희 | **편집** 박주원
디자인 문지현 | **생각 실험 디자인** 김윤현

펴낸이 이경민 | **펴낸곳** ㈜동아엠앤비
출판등록 2014년 3월 28일(제25100-2014-000025호)
주소 (03972) 서울특별시 마포구 월드컵북로22길 21, 2층
전화 (편집) 02-392-6901 (마케팅) 02-392-6900 | **팩스** 02-392-6902
홈페이지 www.moongchibooks.com | Ch 뭉치북스 Instagram 뭉치북스

※ 잘못된 책은 구입한 곳에서 바꿔 드립니다.
※ 이 책에 실린 사진은 셔터스톡, 위키피디아, 게티이미지뱅크(코리아)에서 제공받았습니다. 그 밖의 제공처는 별도 표기했습니다.

도서출판 뭉치는 ㈜동아엠앤비의 어린이 출판 브랜드로, 아이들의 지식을 단단하게 만들어 주고,
아이들의 창의력과 사고력을 키워 주어 우리 자녀들이 융합형 사고뭉치와 창의뭉치로
성장할 수 있도록 좋은 책을 만들겠습니다.

추천사

'질문'의 힘! '생각'의 힘!
'미래 인재'로 가는 힘!

　어린이와 학부모님들께 《초등 첫 인문철학왕》을 추천할 수 있어서 매우 기쁩니다. 어린이들이 이 시리즈를 통해 '나'에 대해, 나와 공동체 사이의 소통에 대해, 세상의 이치와 진리에 대해 마음껏 질문하고 생각하기를 바라기 때문입니다. 그렇게 되면 창의적으로 문제를 해결하는 힘 또한 커질 수 있다고 믿기 때문이지요.

　'제4차 산업혁명의 시대'라는 말처럼 우리는 모든 것이 혁신적으로 변화하는 시대에 살고 있습니다. 스마트폰, 인공 지능, 첨단 로봇 등 새로운 기술과 지식이 나오는 속도도 이전과 비교할 수 없을 정도로 빨라졌지요. 세상에 넘쳐나는 지식과 정보는 이제 누구나 쉽게 구할 수 있고, 개인의 두뇌에 담아낼 수 있는 용량을 넘어선 지 오래입니다. 결국 이 시대의 아이들에게 필요한 것은 지식보다는 그 지식을 다루는 지혜와 창의성 아닐까요?

　7차 교육과정 개정 이후 학교 교육도 이러한 시대 흐름에 맞추어 미래 사회가 요구하는 인문학적 상상력과 과학기술 창조력을 두루 갖춘 창의융합형 인재를 양성하는 것을 목표로 합니다.

　'철학'은 '지혜를 사랑하는'이란 뜻을 가진 말입니다. 이 학문은 여러분처럼 모든 것에 호기심 많았던 철학자들로부터 시작됩니다. 아주 오래전부터 인간, 사회, 자연, 우주, 진리 등 다양한 분야에서 다른 사람들보다 더 깊이, 더 많이, 그리고 아주 끈질기게 했던 수많은 질문과 탐구를 하며 만들어졌습니다.

마치 높은 곳에 올라가면 마을 전체를 내려다볼 수 있는 넓은 시야를 얻게 되듯이, 철학을 한다는 것은 하나의 문제를 더 큰 눈으로 볼 수 있게 되는 것이랍니다. 그러면 어떤 점이 좋을까요? 더 넓게 보는 눈, 더 깊이 있게 보는 눈, 다른 사람들이 생각하지 못한 부분들을 상상하고 찾아낼 수 있는 눈이 생깁니다. 또 우리 앞의 문제들을 자신만의 창의적인 방법으로 해결할 수도 있고, 그 문제를 해결하다가 다른 더 큰 문제를 발견하여 미리 처리할 수도 있습니다.

《초등 첫 인문철학왕》은 바로 그러한 생각의 눈을 아주 활짝 열어 줄 것입니다. 주제와 관련된 재미있는 동화, 이와 연결된 깊이 있는 인문 해설과 철학 특강, 창의·탐구 활동 등으로 구성된 시리즈는 아이들이 세상에 넘쳐 나는 지식을 지혜롭게 다루는 힘을 길러서, 문제해결력을 갖춘 창의적 인재로 성장할 수 있게 해 줄 것입니다.

그러니 이 책을 읽으며 여러 분야에서 떠오르는 호기심과 질문들을 혼자만 가지고 있지 말고 친구, 가족과도 나누어 보시길 바랍니다. 모두가 질문하고 생각하는 힘이 생긴다면, 어려운 문제들을 함께 해결해 나가는 공동체를 만들 수 있겠지요?

이 책을 읽는 여러분들 모두, 그런 멋진 공동체를 하나둘 만들어 나가는 지혜로운 미래 인재가 되기를 기대합니다.

이지애 드림
(이화여대 철학과 부교수, 한국 철학교육 학회 회장)

구성과 활용

초등 첫 인문철학왕
이렇게 활용하세요!

생각 실험

생각 실험은 어떤 사실을 알기 위해 여러 가지 실험과 사례를 연구하는 것이에요. 철학이나 자연 과학 분야 등에서 널리 사용되는 방법이에요. 권마다 주제에 관련된 실험, 유명한 인물의 사례 등을 읽으며 상상력과 문제 해결력을 키워 보세요.

만화 & 동화

40권의 인문 철학 주제별로 아이들의 생활 세계 속 이야기, 패러디 동화 등이 다양하게 펼쳐져요. 처음과 중간은 만화, 본문은 그림 동화로 되어 있어서, 재미난 이야기에 푹 빠질 수 있어요.

인문철학왕되기

오랫동안 어린이들과 함께 철학 수업을 연구하고 진행해 온 한국 철학교육연구원 소속 교수와 연구진들이 집필했어요.

소쌤의 철학 특강, 인문 특강, 창의 특강으로 구성되었어요. 주제와 이야기 안에 숨겨진 철학적 문제들에 대해 함께 답을 찾아갈 수 있도록 깊이 있는 토론과 특강, 그리고 재미있는 활동으로 구성되었어요.

난 질문하는 **소크라테스**! 문제를 해결할 수 있도록 도와주지!

난 **뭉치**. 같이 생각하고 토론하지!

난 늘 창의적인 **새롬**이!

난 생각이 깊은 **지혜**!

교과 연계

각 권마다 최신 개정 교과서 단원과 연계되어 교과 학습에 도움이 되도록 구성되었어요. 권별로 확인하세요.

이 책의 차례

추천사 4

구성과 활용 6

생각 실험 카르페 디엠, 현재를 즐겨라! 10

만화 죽음은 우리를 어디로 데려갈까? 20

마법의 꽃잎 22
- **인문철학왕되기1** '죽음'이란 무엇일까?
- **소쌤의 철학 특강** 죽음에 대해 생각해 보자!

현실로 일어난 마법 40
- **인문철학왕되기2** 죽음 이후에는 무엇이 있을까?
- **소쌤의 인문 특강** 죽음 이후의 다양한 세계

| 만화 | 불행을 가져온 마법의 꽃잎 | 70 |

꽃잎의 행방 76
- 인문철학왕되기3 내가 살아온 날들을 한마디로 정리한다면?
- 소쌤의 창의 특강 어떻게 하면 후회 없이 살까요?

마법의 비밀 98
- 인문철학왕되기4 만일 나라면?
- 창의활동 나의 묘비명을 써 보자!

카르페 디엠, 현재를 즐겨라!

   백파이프 연주를 앞세우고 학교 깃발을 손에 든 학생들이 강당으로 들어섭니다. 들뜬 얼굴의 신입생들이 가득한 이곳, 명문 웰튼 고등학교는 엄격하기로 유명한 사립 학교입니다.

웰튼 고등학교의 교훈은 '전통', '명예', '규율', '최고'입니다. 미국 최고의 명문으로 꼽히는 아이비리그 대학교에 75% 이상의 합격률을 자랑하는 웰튼 고등학교는 **엘리트 자식의 꿈을 실현하려는 학부모들**이 가득한 곳이었습니다.

그러던 중, 새로운 영어 교사로 존 키팅 선생님이 옵니다. 숨 막히는 학교에서 키팅 선생님은 딱딱한 수업 대신 독특한 수업 방식으로 학생들을 사로잡습니다. 교과서에 시를 평가하는 구절이 마음에 들지 않자 찢어 버리고, 책상 위에 올라가서 새롭게 세상을 보라고 말합니다.

    학생들은 어느날 '**죽은 시인들의 사회**'라는 비밀 모임을 만듭니다. 이곳에서 시를 통해 인생에 대해 고민하는 시간을 가지고, 각자의 다양성이 얼마나 소중한지를 생각하게 됩니다.

    모임을 하며 학생들은 **자신이 진짜 하고 싶은 일과 명문 대학에 갈 것이라는 부모님들의 기대 사이에서 갈등**하고 있다는 것을 깨달았지요.

그런 학생들의 마음 속 갈등을 이미 알고 있었던 키팅 선생님이 수업 시간에 했던 말은 바로 이것이었습니다.

"카르페 디엠! 지금 이 순간에 충실해라.
인생을 독특하게 살아라.
왜냐하면 우리는 반드시 죽기 때문에."

라틴어인 '카르페 디엠(Carpe Diem)'은 우리말로 '우리가 살고 있는 현재, 지금 이 순간에 할 수 있는 것을 다하자.'라는 뜻이죠.

1989년에 개봉한 영화, <죽은 시인의 사회>는 키팅 선생님의 입을 빌려 말합니다. 부모의 기대에 부응하기 위해 사는 인생이나 틀에 박힌 삶이 아닌 자신이 살고 싶은 인생을 자유롭게 살아 보자고요.

여러분이 살고 있는 오늘,
여러분은 자신이
어떤 일을 하고 싶은지 잘 알고 있나요?

NO 아니, 난 아직 내가
멀 하고 싶은지 잘 모르겠어.

YES 물론이지! 난 내가 하고 싶은 걸 잘 알고 있어!

어제 병아리 네 마리가 알을 깨고 태어났는데 얼마나 기뻤는지 몰라요. 삐약거리는 소리가 신기했어요.

새 생명이 태어나면 모든 것이 달라지지. 그 생명이 커 가는 모습을 보는 것도 기쁜 일일 거다. 그런데 죽음은 어떤 것 같니?

당연히 슬프지요. 기쁨을 주던 생명이 사라진 것이니까요. 지난해 할머니가 돌아가셨을 때 정말 슬펐어요.

저는 어젯밤 모기를 두 마리나 죽였는데, 하나도 슬프지 않았어요. 모기가 없어서 잠도 잘 잤어요.

그렇다면 누가, 무엇이 죽었는지에 따라 다른 건가요?

자신에게 소중한 누군가가 죽는다면 슬픈 것이고 자신에게 해가 되는 무언가가 죽는다면 슬픈 것과는 상관없는 일이군요.

그런데 소중한 사람이 죽더라도 그 사람이 몸으로만 이루어진 것인지, 눈에 보이지 않은 것으로도 이루어져 있는지는 아무도 모르겠지?

귀신! 귀신은 몸이 없어도 있어요!

눈에 보이지 않는 거라면 영혼 말씀이세요?

우리가 태어나면서 갖게 된 몸이 우리의 전부가 아니라면, 몸이 사라진 후에도 영혼이든 무엇으로든 어딘가에 살아 있는 것이 아닐까?

마법의 꽃잎

"2, 3, 5, 7, 11, 13, 17, 19, 23, 2, 3, 5, 7, 11, 13……."

치우는 집 담장을 따라 계속 같은 길을 맴돌고 있습니다. 한 손으로는 나뭇가지로 담벼락을 긁으면서, 다른 한 손으로는 엄지손가락을 중심으로 나머지 손가락을 계속 번갈아 마주치며 숫자들을 세고 있습니다. 치우가 불안할 때 나오는 버릇입니다.

치우에게 오늘은 온통 마음에 들지 않는 것들뿐입니다. 여덟 살 어린이는 하얀 셔츠와 까만 양복에 까만 넥타이를 매지 않지만 오늘만은 그렇게 입어야 했습니다.

엄마 아빠는 조금 전까지 눈물을 흘리며 흐느끼다가 이제는 하나둘씩 찾아오는 손님들을 맞이하느라 바쁩니다. 치우는 엄마 아빠가 이처럼 어두운 표정으로 있는 모습을 처음 보아서 어쩔 줄

몰랐습니다. 그리고 무엇보다 가장 마음에 들지 않는 것은 아침에 일어나 보니 할머니가 돌아가셨다는 사실입니다. 치우는 할머니의 마지막 모습을 보지도 못했습니다.

할머니는 언제나 치우 편이었습니다. 치우가 버릇없이 굴어 아빠에게 혼날 때도 아빠를 말려 주는 사람은 유일하게 할머니였습니다. 치우는 불안한 마음이 들 때면 할머니 손을 꼭 잡곤 했는데, 이제 할머니 없이 앞으로 어떻게 살아가야 할지 막막했습니다. 더 이상 할머니를 볼 수 없다는 사실이 너무 슬펐습니다.

그때 옆집에 사는 나나가 부모님과 함께 치우네 문을 열고 들어왔습니다. 나나가 마당 한 구석에 있는 치우에게 조심스럽게 다가왔습니다.

"치우야, 할머니 돌아가셨다고 들었어. 많이 슬프지?"

치우를 위로하려고 나나가 조심스럽게 말을 건넸습니다.

"조금. 누나도 슬퍼?"

"나도 슬퍼. 그래서 왔어."

치우는 손에 쥐고 있던 나뭇가지로 바닥을 소리 나게 박박 긁었습니다. 그러다 치우는 나나가 자신을 위해 찾아와 준 것에 기분이 살짝 좋아졌습니다. 치우는 나나를 재밌게 해 주고 싶었습니다.

"재밌는 거 볼래?"

"뭔데?"

치우네 마당에는 할머니가 가꾸던 장미, 수국, 해바라기 등이 활짝 피어 있습니다. 치우는 나나를 데리고 뒷마당으로 향하는 길목에 가서 넝쿨을 걷어 올려 안에 있는 분홍색 꽃을 손가락으로 가리켰습니다. 단 하나의 꽃잎으로 감싸진 칼라 꽃이었습니다.

"이것 좀 봐. 신기하지?"

"와, 처음 봐. 꽃잎이 한 개잖아!"

"할머니가 심어 두었던 꽃인데 부케에도

사용하고, 장례식 때도 사용한대."

"사랑이 시작될 때도, 삶이 끝날 때도 쓰는 꽃이구나. 멋지다."

칼라 꽃을 처음 보는 나나는 무척 신기해 했습니다. 나나가 꽃잎을 만져 보려 손을 갖다 대는 순간, 치우는 나뭇가지로 나나의 손을 후려쳤습니다. 나나가 꽃잎을 따려는 줄 알았기 때문입니다.

"아야!"

"우리 집 건데 왜 만져?"

나나는 치우의 갑작스런 행동에 놀라 울음을 터뜨

리며 부모님이 있는 집 안으로 들어가 버렸습니다. 나나를 아프게 하려고 했던 건 아니었는데, 실수했다는 생각에 치우는 미안했습니다. 더구나 나나가 우는 것이 자신 때문이라는 것을 부모님이 알게 되면 야단맞을 것이 뻔했습니다.

'할머니가 돌아가셔서 한동안 우리 집에 웃음이 없을 텐데, 나까지 나쁜 짓을 했으니…….'

치우가 자신의 잘못을 어떻게 되돌릴까 생각하고 있는데 순간 어디에선가 음성이 들려왔습니다.

"쯧쯧. 정말 조심성 없는 애구나!"

갑자기 자기를 나무라는 목소리에 치우는 깜짝 놀라 뒤로 넘어졌습니다.

"정신 차리고 똑똑히 들어! 그런 식으로 행동하면 큰 벌 받아!"

부모님이 야단치는 줄 알고 주변을 둘러보았는데 개미 한 마리 보이지 않았습니다. 처음 듣는 목소리는 마치 어린아이 같았습니다.

'어른도 아닌 어린애가 감히 우리 집에서 날 혼내?'

치우는 어른이 아니라면 무서울 것이 없었습니다.

"넌 누구냐! 우리 집에서 감히 날 야단치는 거야?"

"흥! 여긴 우리 집이기도 하거든! 똑똑히 봐. 여기 분홍색 꽃."

"넌 귀신이냐? 난 용감해. 엄마한테 일러 버리기 전에 정체를 드러내!"

"나 귀신 아냐. 보면 몰라? 꽃이잖아."

"왜 꽃이 말을 해? 꽃 귀신이냐? 잘 됐다, 넌 뽑아 버리면 그만이야!"

"네가 뽑아 버린다고 내가 죽지는 않아. 그러니 먼저 궁금한 걸 물어봐."

"그럼…… 첫 번째 질문, 정말 귀신 아니야?"

"참 나, 아니라니까!"

"그런데 어떻게 말을 해?"

"난 마법의 꽃이니까."

"그럼 알라딘의 지니처럼 소원을 들어주기라도 한다는 거야?"

"아무 소원이나 들어줄 수는 없지만 한 가지 능력은 있지."

"뭔데?"

"좋아. 할머니가 안 계시니 이제 내가 얘기해 주지."

치우는 얼마 전 생일에 할머니가 비밀 하나를 알려 주겠다고 했던 일이 떠올랐습니다. 하지만 할머니가 갑자기 아프게 되었고 끝내 비밀을 듣지 못했습니다.

"매년 오늘 날짜에 내 첫 꽃잎을 따서 먹으면 아팠던 모든 병이 다 낫고 그 나이에 멈춰 영원히 살 수 있게 돼."

"거짓말. 예전에 한 번 네 꽃잎을 따서 먹어 본 적 있었어. 그때는 배만 아팠다고."

"그건 네가 아무 때나 꽃잎을 따서 그랬지. 일 년에 단 하루, 딱 첫 꽃잎만 마법이 있어. 바로 오늘!"

순간 치우는 화가 났습니다.

"그럼 너는 왜 우리 할머니가 아플 때는 도와주지 않았어?"

"그때는 나한테 마법이 없었어."

"그럼 오늘 네 꽃잎을 몽땅 딴 다음에 엄마 아빠 아플 때 쓸래."

"안 돼. 첫 꽃잎만 마법이 있어."

"안 되는 게 뭐 이렇게 많아."

치우는 우선 꽃잎이 하는 말이 진짜인지 의심이 들었습니다. 말

을 하는 꽃잎은 분명 신기하긴 하지만 마법이 진짜 있는지는 알 수 없었습니다. 할머니가 말해 주려던 비밀이 바로 이 마법의 꽃잎이었는지도 확신이 들지 않았습니다.

결국 꽃잎의 마법이 진짜인지 아닌지는 실험을 해보는 수밖에 없었습니다. 그 순간, 꽃잎의 마법을 실험해 볼 데가 떠올랐습니다.

"아, 알았다. 꽃잎을 누구에게 줄지!"
"누군데?"
"넌 몰라도 돼."

치우는 꽃잎을 따서 문밖으로 뛰어나갔습니다. 그러더니 몇 분 뒤 개 짖는 소리와 함께 옆집에서 치우의 비명 소리가 들려왔습니다.

곧이어 치우가 헐레벌떡 대문을 열고 달려 들어왔습니다.

"너 혹시 옆집 개한테 먹였니?"

"힘없이 엎드려 있어서 억지로 입을 벌려 살짝 넣고 왔어. 하마터면 물릴 뻔했어."

"간절한 마음으로 꽃잎을 주었다면 마법이 통할 거야."

"당연히 그랬지. 니체가 죽으면 지금보다 더 슬플 테니까."

"개 이름이 니체야?

"응. 진돗개 니체."

"유명한 독일 철학자 이름과 똑같네. 재밌다."

"네가 무슨 말 하는지 모르겠어."

"아, 맞다. 너 여덟 살이지."

"넌 몇 살인데?"

"난 오백 살."

"뭐, 정말?"

치우는 꽃잎의 나이를 믿기 어려웠습니다. 목소리는 아이 같은데 할머니보다도 더 오래 산 꽃잎이라니, 말이 되지 않았습니다.

그래도 마음 한 구석에는 꽃잎의 말이 진짜였으면 좋겠다고 생각했습니다. 한동안 니체가 기운이 없어서 나나는 걱정스러운 마음에 많이 울었습니다. 치우는 니체까지 잃을 수 없다는 생각에

용기를 내 니체 입안에 꽃잎을 억지로 밀어 넣은 것입니다.

잠시 후 치우의 집에서 나온 나나가 마당에 있던 치우를 못 본 체하며 지나갔습니다. 나나는 아직 치우에게 화가 풀리지 않은 모양입니다.

치우는 나나에게 마법의 꽃잎에 대해 말해 줄까 하다가 그만 두었습니다. 치우가 생각해도 오백 살이나 된 꽃이 말을 한다는 것은 믿기 어려웠습니다. 더구나 꽃잎을 먹으면 아픈 것이 다 낫고 영원히 산다는 마법은 영화에서나 나오던 것이었습니다. 치우는 꽃잎이 말한 마법을 비밀로 간직하기로 했습니다. 만약 이것이 할머니가 치우에게 말하려던 비밀이라면 비밀을 지키는 것이 할머니의 뜻이라고 생각했습니다.

"월월!"

잠시 후 힘차게 짖는 소리가 담장 너머로 들렸습니다. 니체가 아프기 전처럼 우렁찬 소리였습니다. 믿을 수 없는 일이 일어났다는 듯 치우의 눈이 왕방울만 해졌습니다.

인문철학 왕 되기

'죽음'이란 무엇일까?

어떤 상태를 '죽었다'고 말할 수 있을까?

나도 할머니가 돌아가셔서 치우가 얼마나 슬픈지 알 거 같아.

그런 약이 가능할까? 모든 생명은 언젠가 죽는 것이 당연한 거 아니야?

할 수만 있다면 영원히 죽지 않고 함께 살면 좋을 텐데. 나는 영원히 죽지 않는 약을 발명할 거야.

하늘을 날게 된 것도 과거에는 가능하지 않았지만 지금은 가능하잖아. 그러니 죽지 않는 것도 가능할 거야.

뭉치 넌 죽음이 먼지도 모르면서 그냥 죽고 싶지 않다고만 하는 거구나?

지혜 넌 죽음이 무섭지 않단 말이야?

무서운 것인지 아닌지 난 아직 잘 모르겠어.

우리는 죽음이 무엇인지 잘 모르면서 죽음을 두려워하지? 우선 죽음이 무엇인지 알아볼까?

소쌤의 철학특강

죽음에 대해 생각해 보자!

'**죽음**'이란?
한 생명체의 모든 기능이 완전히 정지되어
그 이전으로 회복될 수 없는 상태를 말한단다.

우리 몸의 여러 기능 중에 무엇이 멈췄을 때 죽음으로
볼 것인지는 아주 중요한 물음이지.
그 물음에 대한 답은 바로 **뇌**야.

"뇌의 기능이 멈추면 그것은
사실상 죽은 것이라고 본단다."

그것을 뇌사라고 하는데, 뇌사 상태에서는
생명을 유지하는 꼭 필요한 기능들이 곧 멈추게 돼.

죽음을 받아들이는 태도에 대해
각각 다른 생각을 가지고 있는 사람들이 있어.

죽음을 심각하게 생각해야 삶을 열심히 살 수 있어.

독일의 정신과 의사이자 철학자인
카를 야스퍼스(1883~1969)

죽음을 경험할 가능성이 없기 때문에 두려워하거나 공포에 빠질 필요가 없어!

고대 그리스의 철학자
에피쿠로스(기원전 341~기원전 270)

자신이 언젠가 죽는다는 것을 인정하면 어떤 변화가 있을까?

자신에게 주어진 삶을 쓸데없는 곳에 허비하지 않을 거야. 그리고 감사한 마음으로 후회 없이 잘 살려고 노력하겠지? 마치 누군가에게 받은 귀중한 선물처럼 말이야. 그래서 죽음은 잘 살기 위한 발명품이 아닐까?

멋을 내고 거울을 바라보는 여인의 모습이 인간의 두개골처럼 보이는 그림. 미국의 유명한 일러스트레이터인 앨런 길버트의 작품 <모든 것이 허영심입니다>

현실로 일어난 마법

마법의 날이 지나자 꽃은 다시 평범한 꽃이 되었습니다. 치우는 다음에 누구에게 마법의 꽃잎을 줄지 고민했습니다.

'일단 내가 먼저 먹어 볼까?'

그러나 여덟 살 아이로 계속 머물러 살고 싶지는 않았습니다. 나나는 열두 살이라 지금도 치우보다 더 큰데 치우가 여덟 살에서 멈춘다면 어른이 되었을 때에는 나나가 놀아 주지 않을 것이 확실합니다. 그것은 치우가 원하는 바가 절대 아니었습니다.

'그럼 엄마에게 드릴까?'

엄마가 지금 나이에 계속 머문다면 언젠가 아빠가 할아버지 나이가 되었을 땐 엄마와 너무 큰 차이가 생길 것 같았습니다.

'그럼 다음 해에는 엄마, 그다음 해에는 아빠에게 드릴까?'

그것도 나쁘진 않았습니다.

'그리고 내가 어른이 되었을 때 꽃잎을 먹어서 우리 가족 모두 아주 젊은 모습으로 영원히 사는 거야. 물론 나나 누나에게도 하나 줘야지.'

이런 즐거운 상상을 하고 있는데 궁금한 것이 떠올랐습니다.

'그런데 할머니는 분명 마법의 꽃잎을 알고 계셨는데 왜 드시지 않았을까?'

할머니는 언제든 꽃잎을 먹고 계속 치우와 함께 살 수 있었는데도 그렇게 하지 않았습니다. 할머니가 자신을 두고 세상을 떠났다는 생각이 들자 치우는 버림받은 것만 같았습니다.

그러나 다른 한편으로 할머니를 믿고 싶었습니다. 마법의 꽃잎이 거짓말을 했을 수도 있고, 할머니가 말하려던 비밀은 마법의 꽃잎이 아니라 다른 것일지도 몰랐습니다. 죽어 가는 니체가 다시 건강해진 것 또한 그냥 우연일지도 모를 일이었습니다.

이런저런 생각으로 불안해진 치우는 늘 그랬듯 다시 숫자를 세기 시작했습니다.

"2, 3, 5, 7, 11, 13, 17, 19, 23, 2, 3, 5, 7, 11, 13……."

그렇게 가을이 가고 겨울이 가고 또다시 봄이 오고 여름이 찾아왔습니다. 할머니가 돌아가신 지 1년이 되어 가는 날, 치우가 나나랑 자전거를 타고 놀다 헤어져 집으로 들어오던 그때였습니다.

"아아아!"

맞은편 집 담장 너머로 비명 소리가 들렸습니다.

맞은편 집에는 할아버지가 혼자 살고 있습니다. 치우는 그 할아버지를 항상 멀리서만 보았을 뿐 직접 이야기를 해본 적은 없었습니다. 항상 선글라스에 모자를 쓰고 혼자 다니는 모습이 무서워서 치우는 이 할아버지를 '호랑이 할아버지'라고 불렀습니다.

'호랑이 할아버지가 비명을 지를 정도면 분명 뭔가 끔찍한 일이 생긴 거다.'

그런데 할아버지의 비명은 한 번으로 그치지 않고 더 큰 소리로 이어졌습니다. 할아버지의 비명이 반복될 때마다 치우는 아빠와 보았던 공포 영화가 떠올라서 무서운 상상을 멈출 수가 없었습니다.

'할아버지가 귀신이라도 본 걸까? 귀신이 담을 넘어 우리 집으로 오면 난 어디에 숨지? 만약 귀신이 아니라 괴물이 나타난 거라면 어떻게 하지?'

치우는 할아버지의 비명 소리가 무서우면서도 무슨 일인지 궁금해서 견딜 수가 없었습니다. 그러다 문득 혼자 사는 노인을 돕는 것은 착한 일이라는 할머니의 말이 떠올랐습니다.

'맞아, 용감한 사람에게는 언제나 좋은 일이 생기지!'

치우는 겁이 나긴 했지만 만약 괴물이 공격해 오면 니체가 자신을 도와줄 것이라고 생각했습니다.

니체가 있다면 겁날 게 없다고 생각한 치우는 나나네에 가서 니체를 잠깐 빌려 함께 할아버지 집 앞으로 갔습니다.

"할아버지, 무슨 일 있어요?"

그러자 할아버지가 천천히 창문을 열고 얼굴을 드러냈습니다.

"누구냐? 나한테 말 거는 게?"

치우는 무서운 마음에 얼른 바닥에 엎드려 숨어 버렸습니다.

"너냐? 바닥에 엎드린 꼬마? 다 보여."

치우는 할아버지가 자신을 '꼬마'라고 하자 화가 치밀었습니다. 할아버지를 도우려고 용감하게 나선 자신에게 '꼬마'라는 말은 조금 억울했습니다. 그래서 치우는 바닥에서 일어나 당당히 가슴을 내밀고 대문 쪽으로 다가갔습니다.

"난 꼬마가 아니에요. 할아버지가 비명을 자꾸 지르니까 도와주려고 온 거란 말이에요."

"아, 아파서 낸 소리가 밖에까지 들렸구나. 미안하다."

선글라스를 쓰지 않은 할아버지의 얼굴은 처음 보았는데 호랑이는커녕 비 맞은 고양이처럼 처량했습니다.

"할아버지가 계속 소리를 질러서 누가 괴롭히는 줄 알았어요."

"미안하다. 내가 몸이 아파서 그랬어."

치우의 눈이 번쩍 뜨였습니다.

"그럼 아파서 그렇게 크게 비명을 지른 거예요?"

"그래. 지독히 아플 때는 저절로 그렇게 소리가 나온단다."

"모든 사람은 나처럼 나이 들고, 병이 들면 다 아프게 되어 있어. 이러다 곧 죽겠지. 얼마 남지 않았으니 좀 참으렴."

치우는 머릿속에 번뜩 마법의 꽃잎이 떠올랐습니다. 내일이면 할머니의 제삿날이고, 그날이 바로 일 년 중 단 하루, 칼라 꽃잎에 마법이 생기는 날입니다. 니체가 정말 마법의 꽃잎으로 나왔다면 할아버지도 분명 나을 수 있을 것입니다.

"제가 내일이면 할아버지 병을 다 낫게 해 드릴 수 있어요!"

"글쎄, 병원에서 해 볼 수 있는 것은 다 해 보았는데……. 네가 마법이라도 부릴 줄 알면 모를까."

"마법사는 아니지만 실험하는 거는 좋아해요."

치우는 자신의 첫 실험 대상인 니체를 쓰다듬으며 말했습니다.

"할아버지, 만약 모든 병이 다 낫고 영원히 살 수 있다면 어떻게 살고 싶은데요?"

"제일 먼저 30년 전에 헤어진 애인을 찾고 싶단다. 그래서 외롭지 않게 살고 싶어. 새로 인생을 시작할 수만 있다면 전 재산을 다 주고서라도 그렇게 하고 싶어."

"전 재산까지 필요 없고요……. 그냥 5백만 원만 주세요."

치우는 목숨을 살려 주는 대신 돈을 달라고 하니 왠지 동화 속의 악당이 된 느낌이 들었습니다. 악당이 되면 돌아가신 할머니가 슬퍼할 것 같아서 금방 말을 바꿨습니다.

"아니, 돈은 필요 없어요. 그냥 공짜로 낫게 해 드릴게요. 내일 아침 일찍 다시 올게요!"

치우는 돈을 달라고 했던 것이 창피해서 소리치며 말한 후 할아버지가 뭐라고 답하는지도 듣지 않고 집으로 뛰어갔습니다.

다음 날 아침, 치우는 눈 뜨자마자 칼라 꽃이 있는 뒷마당으로 달려갔습니다. 마침 꽃봉오리가 막 터져 고운 분홍빛을 뽐내고 있었습니다.

"꽃잎아!"

"치우 안녕? 일 년 사이 많이 컸구나."

"당연히 컸지. 너는 나를 어린애로 보냐?"

"알았어, 힘세고 똑똑한 우리 치우. 올해는 마법의 꽃잎을 누구에게 줄 건지 정했니?"

"응. 우리 집 맞은편 혼자 사는 할아버지에게 줄 거야. 할아버지는 너무 아파서 끔찍한 비명을 계속 지르고 있거든."

"그런데 그 할아버지가 마법으로 영원히 사는 것을 원할까?"

"응. 내가 물어봤는데, 아픈 게 다 나으면 30년 전 헤어진 애인을 찾아 새로운 인생을 살고 싶대."

"그런데 정말 영.원.히. 살고 싶을지 궁금해."

"무슨 말이야? 사람은 누구나 죽는 것을 제일 무서워해. 영화를 보면 '제발 목숨만 살려 주세요.'라고 빌잖아."

"하지만 할머니는 영원히 살 수 있는데도 선택하지 않았어."

치우는 할머니가 마법을 쓰지 않았다는 사실을 한동안 잊고 있었습니다.

"할머니가 나랑 오래오래 사는 것이 싫으셨나 봐. 내가 나쁜 아이여서……."

꽃잎은 치우가 우울해지는 것을

알아차렸습니다.

"그럴 리 없어. 할머니는 나에게 치우를 잘 돌보라고 말씀하셨는걸. 할머니에게는 다른 이유가 있으셨을 거야."

그때 엄마가 걱정스러운 표정으로 치우를 불렀습니다.

"치우야, 거기서 누구랑 이야기하고 있니?"

치우도 꽃잎과 대화하는 모습이 이상하게 보인다는 것을 알고 있습니다. 그렇지만 엄마에게 사실대로 말할 수는 없었습니다.

"엄마, 저 지금 잠깐 나갔다 올게요."

치우는 서둘러 꽃잎을 따 주머니에 깊이 쑤셔 넣고 할아버지 집으로 달려갔습니다.

'죽는 것은 세상에서 제일 무서운 일이야. 호랑이 할아버지도 죽음을 두려워하고 있잖아. 그런데 마음만 먹으면 얼마든지 오래 살 수 있는 할머니가 마법을 쓰지 않은 이유는 뭐지? 혹시 이 마법이 나쁜 것일까?'

치우는 더럭 겁이 났습니다. 그렇지만 이 마법이 나쁜 것이라고 해도 할아버

지와 이미 약속을 했으니 꽃잎을 갖다 주어야 했습니다.

"2, 3, 5, 7, 11, 13, 17, 19, 23, 2, 3, 5, 7, 11, 13……"

치우가 할아버지 집 앞에서 숫자를 세자 기다리고 있던 할아버지가 문을 열고 나왔습니다. 노쇠한 모습은 어제와 마찬가지였지만 서부 영화의 주인공 같은 양복을 입은 할아버지의 얼굴에는 기대와 반가움이 가득했습니다.

"애야, 정말 오늘 다시 찾아왔구나. 어서 안으로 들어가자."

치우는 처음으로 할아버지 집에 들어가 보고 놀랐습니다. 집 안을 찬찬히 둘러보니 할아버지 집은 보통 집과는 달랐습니다. 오래된 책들과 희한한 기계, 장치들이 많았습니다. 벽에는 옛날 사진들이 걸려 있고 유리 장 안에는 오래된 카메라들이 전시되어 있었습니다.

"할아버지가 하는 일은 뭐예요?"

"나는 탐험가였단다. 신기한 동식물을 찾아 사진을 찍었지."

"어, 그럼 마법의 꽃도 본 적 있나요?"

"소문은 들었는데 아직 그런 마법의 꽃은 보지 못했어. 사람들이 말하는 마법의 꽃이란 건, 그냥 그 꽃을 찾기 위해 좋은 공기를 마시고 좋은 경치를 보게 되어 자연스럽게 건강해지는 걸 사람들이 착각한 거지."

할아버지가 자신이 말한 마법의 꽃잎을 믿지 않자 치우는 약간 신경질이 났습니다.

"그런 가짜 말고요. 진짜 마법이요."

"그래, 그래. 네가 내 병을 치료해 준다고 했지? 그럼 어떻게 하면 되는 거지?"

"제가 주는 여기 이 꽃잎을 먹으면 돼요."

치우는 꽃잎을 할아버지 손에 조심스럽게 올려놓았습니다.

"오, 이게 마법의 꽃잎이구나! 오래 살다 보니 이런 영광을! 허허허."

"믿지 않으시면 다시 가져갈 거예요."

"아니다, 아니다. 네 정성을 생각해서라도 먹어야지."

할아버지는 꽃잎을 입에 넣고 씹어서 삼켰습니다.

할아버지가 마법의 꽃잎을 장난처럼 생각하니 이제는 치우도 꽃잎의 효험이 진짜인지 의심이 들어 불안해졌습니다.

'꽃잎이 작용하지 않으면 난 대망신이다. 역시 나는 꼬마인가?'

"이 할아버지는 사실, 마법을 기대하지 않는다. 치우 너는 할아버지를 무서워했지? 네 모습을 보니 예전의 내 연인이 너처럼 나

를 오해했던 게 생각이 나서 그걸 풀고 싶었을 뿐이야. 할아버지가 젊었던 시절 만났던 아주 아름다운 사람이 있었거든. 근데 어느 날 갑자기 떠나가 버렸어."

할아버지는 벽에 걸린 사진 속의 인물을 지팡이로 가리켰습니다. 아주 예쁜 여자가 사막의 유적 앞에서 환히 웃는 할아버지와 손을 잡고 있었습니다. 할아버지의 다른 한 손에는 꽃 한 송이가 쥐어져 있었습니다.

"여기 이 사람이 할아버지 애인인가요?"

"맞아, 그 당시 둘이서 같이 영원히 죽지 않게 해 주는 전설 속

'불로불사의 꽃'을 찾고 있었거든."

치우는 순간 움찔했습니다.

'마법의 꽃이 또 있다는 말인가?'

"그래서 그 꽃을 찾았어요?"

"아니, 전설은 전설일 뿐이지."

그렇게 말하는 중에 허리를 구부리고 사진을 한참 바라보던 할아버지가 갑자기 깜짝 놀라 말했습니다.

"이상해! 고통이…… 사라졌어!"

치우는 허리를 곧게 핀 할아버지를 보고 우쭐해져 '거봐! 내가 마법이라면 마법인 거야!'라고 속으로 외쳤습니다. 마치 어른이 된 것 같아 뿌듯했습니다.

"세상에. 이젠 눈까지 잘 보이는군. 모든 색이 더 밝게 보여!"

"이젠 저를 꼬마라고 부르지 말기예요."

할아버지는 지난 수십 년간 찾아 헤매다 포기했던 마법의 꽃이 진짜 있었다는 사실에 놀라 말을 잇지 못했습니다.

깊은 생각에 빠진 할아버지를 뒤로 한 채 치우는 기분 좋게 집으로 돌아왔습니다.

일주일이 지나고 치우는 할아버지 집을 찾아갔습니다.

니체가 꽃잎을 먹고 금방 건강해진 것처럼 할아버지도 몰라 보게 얼굴빛이 좋아졌습니다. 운 좋게 할아버지가 마침 한가득 장을 보고 돌아온 후여서 치우는 초콜릿 아이스크림을 얻어먹을 수 있었습니다.
　치우는 거드름 피우듯 일어나 벽에 걸린 사진들을 구경했습니다.
　"이 사진은 뭐예요? 이거 까치 맞지요?"
　"그래, 까치 맞다. 아주 오래전에 찍은 사진인데 나이가 아주 많다고 하더구나. 사람들 말로는 오백 년 정도라는데, 그 당시 나는 사람들의 말을 믿을 수가 없었지."
　"이 까치 아직 새끼인 것 같아 보이는데 그렇게나 오래 살았다고요?"
　"내가 젊었을 때 신기한 동물이나 식물을 연구한다고 했지? 그중에는 제 수명을 훨씬 넘긴 것들이 대부분이었지. 그런데 마법의 꽃이 진짜 있을 줄이야…….'
　"저도 지난해에 처음 알았어요."
　"그래? 그 꽃잎을 어디에 썼니?"
　치우가 마당에 놀고 있는 니체를 가리켰어요.
　"그럼 이제 할아버지는 옛날 애인만 찾으면 되겠네요."

"그래, 그런데…… 그냥 애인과의 일은 아름다운 추억으로만 남기는 게 좋겠다는 생각이 들기도 한단다. 기대와 현실은 항상 다르기 마련이거든."

"안 돼요! 그 소원을 위해 꽃잎을 드렸는데 여기서 포기하는 건 말도 안 돼요."

할아버지는 한동안 생각하다가 말했습니다.

"근데 어디서부터 시작하지?"

치우는 갑자기 좋은 생각이 나서 벌떡 일어났습니다.

"잠깐만 계세요. 좋은 방법이 있어요!"

치우는 밖으로 나가더니 잠시 후에 나나를 데리고 할아버지 집으로 왔습니다.

"여기는 나나예요. 나나는 새 노트북이 있어서 할아버지 애인을 금방 찾을 수 있을 거예요."

나나는 간신히 길 건너 자기 집의 와이파이를 잡아서 할아버지가 불러 주는 이름과 몇 가지 정보를 검색창에 입력했습니다.

그런데 할아버지는 검색 결과를 찬찬히 살피더니 얼굴이 점점 굳어졌습니다. 할아버지가 기뻐할 줄 알았던 나나와 치우는 기대와는 다른 모습에 눈치를 살피며 조용히 집을 나왔습니다.

"할아버지가 왜 저러지?"

"너 할아버지 애인이 누군지 봤어?"

"아니, 누군데?"

"TV에 나오는 엄청 큰 회사의 회장이야."

"히야, 정말 잘 됐네. 근데 할아버지가 왜 저렇게 실망하는 모습이지?"

"너무 부자여서 할아버지를 안 만나 줄까 봐?"

 "그럼 너무 슬프다. 이제 겨우 희망이 생겼는데……. 우리가 도울 방법 없을까?"

 치우는 그날 밤 할아버지가 불쌍해서 잠이 안 왔습니다. 그러다가 한 가지 묘안이 떠올라 다음 날 아침 일찍 나나를 찾았습니다.

 "누나, 이메일 할 줄 알지?"

 "조금. 왜?"

 "내가 할아버지를 대신해서 편지를 쓸 테니 그걸 누나가 할아버지 옛날 애인한테 보내 줘."

"그걸로 될까?"

"할아버지는 무조건 애인이랑 다시 만나게 해야 해. 할아버지의 제일 큰 소원이니까."

이어 치우는 할아버지가 어떻게 다시 건강해졌는지, 얼마나 애인을 보고 싶어 하는지를 써서 할아버지 집 주소와 함께 나나에게 건넸습니다.

나나가 회장에게 이메일을 보낸 지 얼마 지나지 않은 어느 날이었습니다. 나나네가 여행 가 있는 동안 치우가 니체를 돌보며 함께 놀고 있는데 할아버지 집 앞에 커다란 차 두 대가 세워져 있었습니다.

차에서 내린 사람은 30년 전 사진 속 모습과 똑같은 여자였습니다. 그 옆에는 "회장님." 하면서 따라다니는 양복 차림의 비서 두 명이 있었습니다.

세 사람은 할아버지 집으로 들어갔습니다.

한참 뒤 할아버지 집에서 나온 회장이 향기로운 냄새를 풍기며 치우에게 다가왔습니다.

"네가 치우고, 얘는 니체. 맞지?"

"네, 제가 편지를 썼어요."

"그래, 알고 있다. 너무 고마워서 아이스크림이라도 사 주고 싶은데 괜찮니?"

치우는 착한 일을 해서 회장에게 상을 받는다는 생각에 기분이 좋아졌습니다. 하지만 니체가 이상하리만큼 으르렁거리는 탓에 하는 수 없이 니체를 집에 데려다주었습니다. 그러고서 회장의 차에 올라탔습니다.

회장은 생전 처음 보는 으리으리한 카페로 치우를 데리고 갔습니다. 그곳에는 아이스크림이 여덟 가지나 있었는데 회장은 여덟 가지 맛을 모두 사 주면서 할아버지를 치료한 과정에 대해 자세히 얘기해 달라고 했습니다.

치우는 할아버지와 회장이 다시 만나기를 바라는 마음이 너무 큰 나머지, 회장에게 꽃잎에 대해 알고 있는 모든 것을 말해 주고 말았습니다.

그때 회장이 예상하지 못한 제안을 했습니다.

"혹시 네 마법의 꽃잎을 나한테 팔 생각 없니?"

"예? 사실 꽃잎에 대한 이야기는 비밀이에요. 우리 할머니가 비밀로 하려 했어요."
"그럼 오늘 우리가 만난 것도 비밀로 해 줄래? 그럼 나도 마법 꽃잎 얘기를 아무한테도 하지 않을게."

며칠 뒤 치우는 할아버지가 예전처럼 애인과 다시 만나 얼마나 행복해 하는지를 보려고 곧바로 할아버지 집으로 찾아갔습니다. 그런데 문을 아무리 두드려도 할아버지는 나오지 않았습니다.

그 후로도 몇 번이나 할아버지를 찾아갔지만 할아버지는 집에 없었습니다.

인문철학 왕 되기

죽음 이후에는 무엇이 있을까?

사람들은 죽은 다음에 어떻게 될까요?

나는 이 세상에 태어나기 전에 이순신 장군이었을 거라는 생각을 했어. 그런 꿈을 꾼 적이 있거든. 이 뭉치가 바로 이순신 장군의 환생이니라~

너 무슨 잠꼬대 같은 소리니?

전생이 정말 있는 건가요? 전생이 있다면 지금 저희도 죽었다가 다시 태어난 거 맞죠?

죽음에 대해서는 어느 누구도 알 수 없으니까, 확실히 말하기는 곤란해. 옛날부터 사람들은 죽음 이후에 무엇이 있을지 많은 이론과 가설을 내놓았단다.

소쌤의 인문 특강

죽음 이후의 다양한 세계

죽은 이후의 세계에 대해서는 종교와 문화, 시대에 따라 많은 가설과 이야기가 있지. 그중 몇 가지를 살펴보자꾸나.

고대 그리스 신화에서 본 사후 세계

카론
그리스신화에 나오는 죽은 사람을 저승으로 보내는 뱃사공.

그리스 신화에서 죽음의 세계는 땅 밑에 있어. 죽은 사람은 슬픔(아케론), 걱정(코키투스), 불(플레게톤), 망각(레테), 증오(스틱스) 다섯 개의 강을 모두 건너야 지하 세계인 하데스의 궁전에 이를 수 있지.
마지막 강까지 건너면 벌판이 나오는데 오른쪽에는 천국과 같은 엘리시온이, 왼쪽에는 지옥과 같은 타르타로스가 나온다고 믿었어.

고대 이집트 문화에서 본 사후 세계

고대 이집트인들은 죽으면 육체와 영혼이 분리된다고 보았어. 죽은 사람은 태양신 '라'의 배를 타고 공포의 계곡을 건너 이십여 개에 이르는 성문을 통과해야 해. 성문을 모두 통과하면 오시리스의 법정에서 심판을 받은 후에 부활하게 되지. 이집트에서 죽은 몸을 썩지 않게 미라로 만드는 이유가 바로 자신의 몸 그대로 부활하기 위해서야.

기독교에서 본 사후 세계

기독교에서는 예수가 십자가에 못 박혀 죽은 지 삼 일 만에 부활하였듯이 모든 인류도 이 세상의 종말에는 부활한다고 생각해. 부활할 때는 인간의 영혼과 육신이 결합되어 천국에서 영원한 생명을 누리게 되지.

불교에서 본 사후 세계

모든 생명체는 죽은 후에 다시 태어나는 삶을 반복해. 어느 세계에서 어떤 모습으로 태어날지는 자신이 했던 행동에 따라 결정되지. 이처럼 불교에서 죽음은 끝이 아니라 새로운 생명의 시작이며, 항상 건전한 생각을 가지고, 좋은 말을 하고, 소중한 인연을 맺는 일이 좋은 결과를 낳는다고 가르쳐.

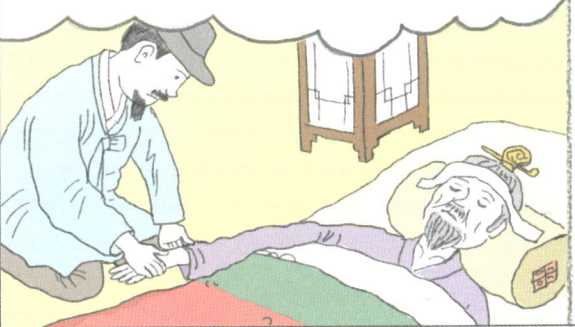

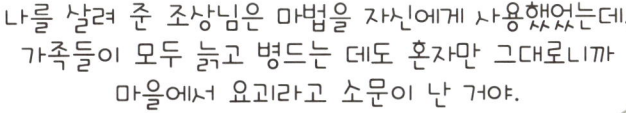

조상님은 죄 없이 감옥에 갇히면서 마법이 잘못 이용되면 얼마나 위험한 것인지를 깨닫고 마법의 힘을 평생 숨기며 살게 되었어.

나를 살려 준 조상님은 마법을 자신에게 사용했었는데, 가족들이 모두 늙고 병드는 데도 혼자만 그대로니까 마을에서 요괴라고 소문이 난 거야.

마을 사람들의 소문을 들은 관아에서는 조상님을 붙잡아 고문하며 요괴인지 확인하려 했지.

심한 고문에도 아파하지 않자 관가에서는 요괴라고 확신을 했어. 그래서 사람들은 조상님을 결국 불에 태워 죽이기로 했지.

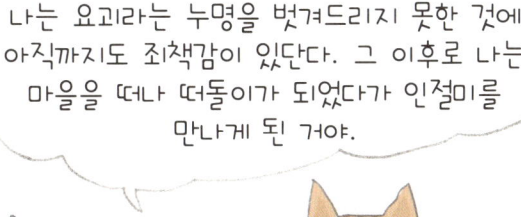

나를 살려 주신 조상님이 억울한 상황에 처해 있는데 나는 그것을 지켜 보고만 있었어. 사람들은 늙지 않고 병들지 않는다고 해서 행복한 게 아니라는 것을 그때 알게 되었어.

나는 요괴라는 누명을 벗겨드리지 못한 것에 아직까지도 죄책감이 있단다. 그 이후로 나는 마을을 떠나 떠돌이가 되었다가 인절미를 만나게 된 거야.

꽃잎의 행방

"2, 3, 5, 7, 11, 13, 17, 19, 23, 2, 3, 5, 7, 11, 13……."

학교에서 돌아오는 길에 치우는 나나와 같이 있으면서도 불안을 떨치기 위해 손가락을 계속 번갈아 마주쳤습니다.

"치우야, 내 말 듣고 있는 거야?"

"응? 무슨 말?"

"어휴, 진짜 정신 좀 차려. 너 요즘 왜 그래?"

치우는 할아버지가 회장과 만난 후 자기를 피하는 것 같아 계속 신경이 쓰였습니다.

불안한 이유는 그뿐만 아닙니다. 할머니가 비밀로 지키고자 했던 꽃잎에 대한 사실을 회장에게 전부 다 말해 버린 것이 정말 배가 아플 정도로 불안했습니다.

그래서 혹시 그 회장이 또 나타날까 봐 두려워 길을 나설 때는 주변을 조심히 살피곤 했습니다. 다시는 처음 보는 사람이 아이스크림을 사 준다고 해도 믿지 말자고 다짐했습니다.

그때 저 멀리서 니체가 으르렁거리며 짖는 소리가 들렸습니다.

"컹컹, 컹컹, 으르렁 컹컹."

'니체가 왜 저러지? 혹시 도둑?'

서둘러 달려가 보니 치우네 문이 활짝 열려 있었습니다. 허겁지겁 안으로 들어가니 마당이 온통 파헤쳐져 있었습니다. 모든 게 그대로인데 마당의 꽃들만 전부 사라졌습니다.

치우는 불안해서 머릿속이 하얘졌습니다. 나나는 자기 집에서 니체를 데리고 나와 도둑이 아직 집 안에 있는지 살폈습니다. 니체는 도둑을 잡지 못한 것에 화가 났는지 계속해서 짖었습니다.

"누가 이랬는지 알 것 같아."

"뭐? 누구?"

"아직은 말할 수 없어. 니체야 고마워. 넌 우리 집을 지켰어."

"누군데? 어서 말해 봐. 일단 경찰에 신고하자."

"아니야. 우리는 나중에 만나."

"어휴, 어린애가 무슨 비밀이 그렇게 많니?"

치우는 마법의 꽃을 팔라고 한 회장이 마당을 파헤쳐 놓은 범인일 거라고 생각했습니다. 할아버지도 회장과 한편이 됐을지도 모른다는 생각에 또 배가 아파 왔습니다.

치우는 할아버지 집으로 달려가 초인종을 여러 번 누르면서 문을 발로 막 찼습니다.

"할아버지 빨리 나와요. 당장 나오라고요!"

대문을 연 할아버지는 못 알아볼 정도로 꼿꼿한 허리로 우뚝 서 있었습니다. 그런데 초췌한 얼굴만은 걱정으로 가득해서 치우의 화난 기색이 살짝 누그러졌습니다.

"얘야. 오랜만이구나. 그런데 왜 이렇게 소란스럽니?"

치우는 인사도 없이 바로 안으로 들어가 할아버지를 똑바로 쳐다보며 따지듯 말했습니다.

"할아버지가 그 회장이랑 같이 우리 집 마당의 꽃들을 훔쳤죠?"

"무슨 말이니? 내가 그런 짓을 왜 해?"

"마법의 꽃을 팔지 않는다고 하니까 회장이랑 같이 마당에 있는 꽃들을 모두 훔쳐 간 거 맞잖아요!"

할아버지는 치우의 말을 듣고 잠시 생각에 잠겼습니다.

"마당의 꽃들을 모조리 가져갔다면 그건 마법의 꽃잎을 본 적이 없는 사람이겠구나."

"할아버지가 아니란 말이에요?"

"애야, 난 마법의 꽃잎이 어떻게 생겼는지 알지 않니? 그렇다면 그 꽃잎만 살짝 가져갔겠지?"

할아버지라면 마법의 꽃잎을 먹을 때 직접 보았기 때문에 그 모양을 잘 알고 있습니다. 칼라 꽃잎은 다른 꽃잎과 다르게 딱 한 장으로 되어 있으니 헷갈릴 수도 없습니다. 조금만 더 생각해 보면 할아버지가 범인일 리 없는데 너무 흥분해서 소란을 피운 것이 멋쩍었습니다.

"근데 회장은 마법의 꽃잎에 대해 어떻게 알지? 자세히 좀 말해 보거라."

"회장이 저에게 아이스크림을 여덟 가지나 사 주면서 할아버지가 어떻게 건강해졌는지 이유를 물어봤어요. 회장은 할아버지 친구니까 비밀을 얘기해도 될 것 같아서 다 얘기했더니 그 꽃을 자기에게 팔라고 했어요."

"저런. 큰일이구나. 그 회장은 이제 내 친구가 아니다. 그리고

그 사람은 결코 좋은 사람이 아니야."

"예? 할아버지가 건강해지면 가장 먼저 만나고 싶다고 한 사람이잖아요."

"나나가 인터넷으로 회장을 찾아 주었을 때 회장에 대한 기사들을 봤지. 그걸 보니 다시 만나서는 안 될 사람이라는 것을 알게 되었단다."

"근데도 만났잖아요?"

"치우 네가 나나에게 부탁해 회장에게 연락을 했더구나. 회장이 날 찾아 온 것도 내가 보고 싶어서가 아니라 내가 어떻게 건강해졌는지가 궁금해서였어."

치우는 할아버지가 원하지도 않은 일에 굳이 나나까지 끌어들였다는 것이 너무나 창피했습니다.

"아무튼 많이 놀랐겠구나. 회장이 네게 정보를 빼낸 뒤에 마법의 꽃잎이 효험을 발휘할 시기에 맞춰 너희 집 마당을 파헤쳐 간 것 같다. 일단은 흥분을 가라앉히고 어떻게 할지 생각 좀 해 보자꾸나."

오랜만에 찾아온 치우가 인사도 없이 소란만 피웠는데도 할아버지는 화가 나지 않은 것 같았습니다.

"할아버지 죄송해요. 제가 잘 생각해 보지도 않고 할아버지를 오해했어요."

"그래, 우리가 그동안 거의 만나지 못했으니 오해할 수도 있지. 너를 일부러 피했던 이유는 마법의 꽃이 세상에 알려지면 너를 이용하려는 사람들이 찾아와 괴롭힐까 봐 그랬던 것이란다."

치우는 자신과 할아버지가 회장에게 이용 당한 것을 생각하니 너무 분했습니다. 하지만 뾰족한 수가 떠오르지 않았습니다. 경찰에 신고해서 마법의 꽃을 회장이 훔쳐 갔다고 하면 정신 나간 사람으로 볼 것 같았습니다.

마당에 도둑이 든 뒤로는 할머니의 제삿날에도 마법의 꽃과 이야기할 수 없어서 치우는 꽤 오랫동안 속상했습니다.

그로부터 얼마 후 치우가 학교를 마치고 돌아오는데 할아버지 집 문이 활짝 열려 있는 것을 발견했습니다.

느낌이 이상해서 대문 쪽으로 향하려는 순간, 갑자기 까만 옷을 입은 아저씨가 치우를 붙잡았습니다. 그러고는 발버둥 치는 치우를 2층 할아버지의 서재로 끌고 올라갔습니다.

서재에는 할아버지가 의자에 불편한 모습으로 앉아 있었고 그 뒤에는 다른 까만 옷의 아저씨가 할아버지를 꼼짝 못 하게 누르고 있었습니다.

그 옆에는 큰 모자와 선글라스를 쓴 회장이 할아버지를 다그치고 있었습니다. 회장이 치우를 보자마자 잔뜩 화가 난 채 말했습니다.

"요 녀석, 네가 거짓말을 한 게지? 네 마당의 꽃잎들을 제 날짜에 모두 먹어 봤는데 아무런 효과가 없었어. 불로불사의 마법의 꽃이 있다고 내게 거짓말을 하다니!"

치우는 어떻게 된 일인지 영문을 몰라 할아버지만 쳐다보았습니다. 할아버지는 이윽고 회장에게 소리쳤습니다.

"이 몹쓸 사람아. 어린아이를 괴롭히면서까지 이런 짓을 하다니

부끄럽지도 않나? 옛정을 생각해서라도 치우는 어서 풀어 주게."

"옛정? 흥! 그 옛날 고리타분한 당신을 왜 따라다녔는지 알아? 당신이 좋아서가 아니라 마법의 꽃잎을 찾기 위해서였어. 당신을 이용한 거라고!"

치우는 이전에 보았던 할아버지의 옛날 사진 속 웃고 있던 두 사람이 떠올랐습니다. 그때 할아버지가 껄껄 웃으며 말했습니다.

"역시 옛날이나 지금이나 당신은 어리석어. 어린아이로부터 정보를 얻어 그 집의 마당을 다 파헤치다니. 정말 애만도 못하군."

"시끄러워! 자, 그럼 이제부터 시작이다. 너희 둘 중 불로불사의 비밀을 제대로 말하는 사람을 먼저 풀어 주지."

"영원히 젊게 살고 싶은 욕심은 그때나 지금이나 여전하군."

회장이 신호를 주자 까만 옷을 입은 사람이 할아버지의 팔을 비틀었습니다.

"아, 아앗! 이런 나쁜 사람 같으니. 남을 괴롭히며 영원히 사는 것이 무슨 소용이야?"

할아버지가 아파하는 모습을 보니 치우는 참을 수 없었습니다.

"하지 말아요! 내가 마법 꽃잎 얘기를 다 해 줄 테니 우리 둘 다 놔줘요!"

"오냐, 만약 네 말이 틀리다면 둘 다 혼날 줄 알아라!"

"다 말할 테니까 혼자서 마법의 꽃잎을 다 먹어 버리든 말든 마음대로 해요. 할아버지 아프게 하지 말고요!"

치우는 불로불사의 꽃잎에 대해 처음 알게 된 이야기부터 알고 있는 사실을 모두 털어놓았습니다. 그러자 회장이 놀란 목소리로 말했습니다.

"꽃잎이 네게 말을 한다고? 난 그런 거 못 들었는데? 어쨌든 계속 해 봐."

그러자 할아버지가 껄껄 웃기 시작했습니다.

"이봐. 회장. 이 아이가 무슨 고대의 비밀을 알고 있을 것이라 생각하나? 이 아이는 상상력이 풍부한 친구라네. 그리고 이 방에서 불로불사 식물에 대한 최고 전문가는 누구겠는가? 이 아이는 불로불사가 무슨 말인지도 모를걸!"

"당신이 불로불사의 비밀을 알고 있다는 거군!"

"이제야 머리가 좀 돌아가나? 꽃잎 얘기도 내가 한 얘기라네."

"그래? 그럼 당신이 말해! 얼른!"

"저 벽에 걸린 사진을 잘 보게나. 자네와 내가 함께 있는 사진!"

회장은 사진을 벽에서 떼어 자세히 봤습니다.

"내가 한 손에 쥐고 있는 저 꽃. 우리가 불로불사의 꽃이라고 생각했던 그 꽃이지?"

할아버지가 말했습니다.

"처음엔 나도 그런 줄 알았지. 그런데 실험을 해 보니 그 꽃에는 아무런 마법도 없다는 게 밝혀졌잖아. 그래서 당신을 떠난 거고!"

"그거였군. 자네가 왜 갑자기 떠났는지. 그 이유를 몰라서 내가 뭘 잘못했나 지금까지 궁금했는데. 아무튼 그때는 꽃잎에 효험이 있는 줄 알았는데 아니었지. 여기를 자세히 보게나."

회장은 사진 속 할아버지의 오른손에 쥐어진 꽃을 자세히 보고 흠칫 놀랐습니다.

"꽃잎이 아니라면……."

"뿌리를 먹어 버렸으니 이제 더 이상은 구할 수 없지."

회장은 넋을 잃고 바닥에 주저앉고 말았습니다.

"이제야 알겠나? 이 지구상에서 불로불사 식물의 최고 전문가는 나야. 내가 30년 전부터 연구해 왔으니 그걸 알고 있을 사람은 나지. 이 아홉 살 아이일 리가 있나?"

"그래서? 이 꽃의 어디 부분에 효험이 있는 거지?"

"자네가 잘 알아듣게 자세히 얘기해 주지. 나는 그때 그 꽃을 발

견하고 지금까지 잘 보관해 왔어. 그리고 실험을 계속한 결과 불로불사의 효험은 꽃잎이 아니라 뿌리를 먹는 데에 있다는 것을 알게 되었지. 그래서 내가 고칠 수 없는 병에 걸리게 되자 뿌리를 끓여서 먹고 나은 거야. 뿌리를 먹어 버렸으니 이제 더 이상은 구할 수 없지. 자, 이게 숨김없는 사실이네."

할아버지의 이야기를 듣고 회장은 멍하니 허공만 쳐다보았습니다. 그러더니 까만 옷을 입은 사람들을 방에서 나가게 했습니다.

할아버지가 회장에게 다가가 귓속말로 속삭이자 회장은 할아버지에게 몇 마디를 던지고는 부하들을 데리고 가 버렸습니다.

치우는 이 상황이 매우 혼란스러웠습니다. 이를 눈치 챈 할아버지는 치우의 어깨를 토닥이며 안심시켰습니다.

"오늘 많이 놀랐지? 나 때문에 고생이 많았다. 회장이 너를 더 이상 귀찮게 하지 않게 하려고 거짓말을 좀 했어."

"그럼 저 사진에서 들고 있는 게 불로불사의 꽃이 아니에요?"

"그 당시 꽃잎에 효험이 없다는 것이 밝혀졌고 애인도 떠나 버리는 통에 그냥 버려 버렸지."

할아버지는 치우가 생각했던 것보다 훨씬 똑똑한 사람이었습니다. 그러나 여전히 마음 한 구석에는 허탈한 마음이 남아 있었습니다.

"모두 내 잘못이니 나를 용서해다오."

"할아버지 잘못이 아니고 회장 잘못이에요. 근데 우리 집 마당에서 훔쳐 간 꽃들을 회장이 다시 가져다 놓을까요?"

"일단 내가 회장한테 너희 집 마당을 되돌려 놓지 않으면 노인과 아이를 납치한 것으로 경찰에 신고하겠다고 했다. 그랬더니 이전보다 더 근사하게 꾸며 놓겠다고 약속했어."

"어, 그럼 다시 꽃잎을 볼 수 있겠네요?"

"음…… 치우야, 미안하다. 회장이 마법의 꽃잎이 무엇인지 몰라서 급한 마음에 모든 꽃을 전부 먹어 버렸나 봐. 회장도 불치병에 걸려서 그랬다는구나."

불치병이라니 치우는 회장이 조금은 불쌍하게 느껴졌습니다.

'나한테 잘 얘기했으면 도와주었을 수도 있을 텐데. 왜 훔쳐 가서 오히려 엉망을 만들었대?'

"가져간 꽃들은 모두 새것들로 다시 심어 놓을 거야."

"그런데 이상해요. 회장은 마법이 통하는 날이 언제인지 제가 말해 주어서 알고 있었어요. 그래서 마법의 꽃잎도 바로 그날 먹었을 텐데 왜 마법이 통하지 않았을까요?"

"니체와 나에게 마법이 통했던 것은 남을 돕고 싶은 네 순수한 마음 때문이 아닐까? 회장의 못된 마음으로는 아무리 제 날짜에 마법의 꽃잎을 먹어도 소용이 없었던 거고!"

순간 치우는 여러 감정이 북받쳐서 그 자리에서 울음을 터트렸습니다.

"마법의 꽃잎을 잃으니 속이 상하지?"

"저는 마법의 꽃잎으로 니체랑 할아버지도 돕고…… 친한 사람들 다 도와주고 싶었는데……. 엄마 아빠 아플 때 전부 낫게 해 주고 나중에 나나 누나에게도 주고…… 흑흑흑."

"그래그래. 하지만 치우는 앞으로 엄마, 아빠를 다른 방법으로 많이 도와드릴 거잖니? 나나하고도 잘 되게 나도 도와주마. 그리고 니체가 너를 얼마나 좋아하는지 너도 잘 알잖니."

할아버지의 말에 어느 정도 위안이 되었지만 그래도 뭔가 서글퍼서 엉엉 울면서 치우는 집으로 돌아왔습니다.

며칠 후 커다란 트럭을 타고 온 사람들이 치우네로 찾아왔습니다. 그러더니 치우네 집 마당을 에버랜드의 포시즌 가든처럼 아름답게 꾸며 주고 갔습니다.

아빠는 영문을 몰라 그들에게 누가 시킨 일인지 계속 물었는데도 그들은 아무 대답도 하지 않고 묵묵히 일만 하다 가 버렸습니다.

마당이 새로 꾸며지고 비가 오는 어느 날, 치우는 문득 할머니가 떠올랐습니다. 회장이 불로불사를 위해 얼마나 나쁜 짓들을 했는지를 생각하니 이제야 할머니의 선택을 조금은 이해할 수 있을 것 같았습니다.

'할머니의 마음을 알겠어. 영원히 늙지 않고 죽지 않는 마법이 꼭 좋은 것만은 아닌가 봐.'

할머니에 대한 의문이 풀리기 시작했습니다.

내가 살아온 날들을 한마디로 정리한다면?

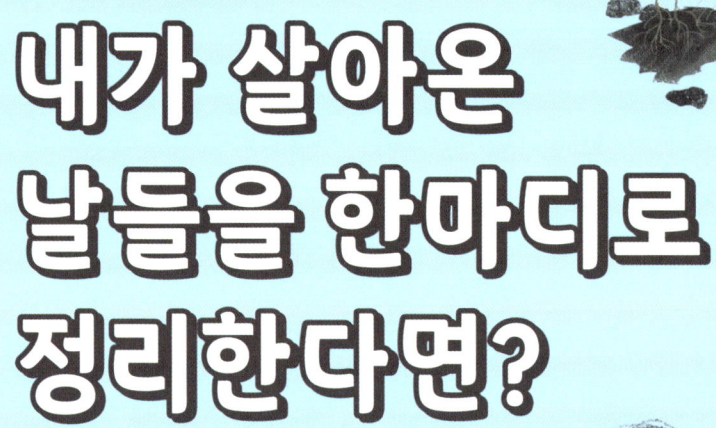

삶의 마지막에 하고 싶은 말이 있나요?

어제 할아버지 산소에 다녀왔는데, 묘비에 "나누는 것이 행복이다."라고 적혀 있었어. 할아버지는 평생 남을 돕는 일을 하셨는데, 그 말이 할아버지의 인생을 잘 표현한 것 같아.

내가 쓰고 싶은 묘비명은 "이 세상의 모든 맛있는 것을 다 맛 본 사람 여기 잠들다."야

나는 내 꿈이 건축가니까, "우주 도시를 건설한 건축가, 지구에서 잠들다." 지혜 너는?

내가 어떤 인생을 살게 될지 아직 몰라서 뭐라 해야 할지 모르겠네. 다른 사람들은 어떤 말을 남겼지?

소쌤의 창의특강

어떻게 하면 후회 없이 살까요?

한국의 슈바이처라 불리는 고 이태석 신부는 20년간 전쟁으로 황폐해진 아프리카 수단으로 떠났어. 톤즈라는 마을에 머물며 혼자서 하루에 300여 명의 환자들을 돌보고, 병원을 짓고 학교와 기숙사를 지었지. 이태석 신부는 톤즈에서 의사이자 교사, 음악가, 건축가로 역할을 바꿔가며 희망과 기쁨을 잃은 사람들에게 사랑과 용기를 주었어. 그가 세상을 떠나며 남긴 유언은 "모든 것이 좋다."였어.

최선을 다해 살았기 때문에 할 수 있는 말이었을 거야.

남수단의 **톤즈 마을**

출처 : 이태석 신부 기념관

한국의 슈바이처라 불리는 고 이태석 신부

후회 없는 삶을 사는 또 다른 사람이 있어.

1911년생 시바타 도요씨는 바느질로 생계를 꾸리며 살아왔지. 할머니는 72세에 무용을 시작했다고 해. 무용 선생님의 옷을 25년간 바느질 해 온 인연으로 시작하게 된 거지. 허리가 아파 무용을 할 수 없게 되자 92세에는 시 쓰기를 시작했어.

90세가 넘어 시를 쓰기 시작하면서 깨달은 것은 아무리 괴로운 일, 슬픈 일이 있어도 가족과 친구들 덕분에 자신이 존재한다는 사실이었지.

할머니는 죽음에 대한 생각이 들 때마다 명랑하게 대꾸해. "조금만 더 여기 있을게. 아직 못다 한 일이 남아 있거든." 할머니의 이런 재치는 죽음을 긍정하는 데서 나오는 것이지. 할머니는 인생에 아픔과 슬픔을 많이 겪었지만 살아 있어서 좋았다고 말해.

"인생이란 언제라도 지금부터야.
누구에게나 아침은 반드시 찾아온다."

마법의 비밀

"2, 3, 5, 7, 11, 13, 17, 19, 23, 2, 3, 5, 7, 11, 13……."

치우가 마당에서 초조한 마음으로 나나를 기다리고 있습니다. 올해부터 나나가 중학생이 되어 치우와 학교에서 집으로 같이 올 일이 없어졌습니다. 그래서 치우가 나나를 만나려면 마당에 나와 옆집 문이 열리는 소리에 귀를 기울여야 했습니다.

　치우는 나나가 중학생이 된 후 전처럼 자신과 시간을 보내 주지 않는 것이 속상했습니다. 특히 나나가 학교 축구부 주장인 형과 친하게 지내는 것이 신경 쓰였습니다.

　오늘은 나나네 학교 축구부가 전국 청소년 축구 대회에서 우승한 것을 축하하는 파티가 있는 날입니다. 나나도 초대 받았으니 늦게 올 것이 틀림없는데도 치우는 집 안에 앉아 있기가 답답해서 마당에 나왔습니다.

　새로 꾸민 마당을 둘러보니 지난 일 년이 아득하게 떠올랐습니다. 마당 도둑 사건 이후 엄마는 마당이 없는 아파트로 이사 가자고 했고, 아빠는 조상 대대로 물려받은 집을 도둑 때문에 포기할 수 없다고 했습니다. 치우는 아파트로 이사를 하게 되면 나나네와 멀어질까 봐 조마조마했습니다.

그렇게 엄마 아빠가 양보 없이 각자의 주장을 내세우며 얼마간 갈등하다가 결국은 방범 장치를 설치하는 것으로 일이 마무리되었습니다.

몇 달 전에는 나나가 찾아와 회장이 불치병으로 세상을 떠났다고 했습니다. 회장은 굶주리고 있는 아이들을 위해 자신의 전 재산을 기부했다고 했습니다.

그 소식을 듣고 치우는 만약 회장이 불로불사의 꽃잎을 먹었어도 그처럼 좋은 일을 했을까 궁금했습니다. 어쩌면 죽음을 받아들이는 일이 피하려고 애쓰는 일보다 더 나을 때도 있는 것 같다고 치우는 생각했습니다.

'이제 열 살이 되니까 나도 어른처럼 생각을 하네.'

치우는 마법의 꽃이 사라졌어도 니체와 오래오래 함께 놀 수 있는 것만으로 충분히 만족스러웠습니다.

그때 갑자기 누군가 치우에게 말을 걸었습니다.

"치우야. 올해는 누구에게 마법을 쓸지 정했니?"

이전에 들었던 꽃잎 목소리였습니다.

'어, 마법의 꽃잎은 없는데 어디서 나는 소리지?'

"누구야! 누가 장난치는 거야?"

치우가 목소리가 들리는 방향을 찾아 사방을 둘러보았습니다.

"나야 나. 마법의 꽃잎. 히히!"

"마법의 꽃잎은 회장이 다 뽑아 먹어 버렸는데 뭐가 남아 있다는 거야?"

"오늘이 마법이 통하는 날인 것은 기억하고 있니?"

"이제 마법을 쓸 일도 없는데 뭐 하러 기억하고 있겠냐? 그래도 오늘이 할머니 제삿날인 것은 기억하고 있지."

"그래, 맞아. 할머니의 제삿날이 마법이 통하는 날과 같으니까."

"그런데 대체 너는 어디 있는 거야? 네 정체를 밝혀!"

그때 오래된 감나무 뒤에서 새끼 까치 한 마리가 날아왔습니다.

"지금까지 말하던 꽃이 바로 너라고? 말도 안 돼."

"응, 나는 500년 전에 둥지에서 떨어진 새끼 까치였는데, 네 조상이 구해 주어서 지금까지 이 자그마한 몸으로 살고 있어."

"그런데 왜 내 앞에 나타난 거야?"

"이제 진실을 말해 주어야 할 때가 된 것 같아."

"진실?"

"그동안 마법이 통하는 날마다 네 앞에 나타난 것은 할머니의 부탁 때문이었어."

"할머니 부탁?"

"내가 마법의 꽃잎으로 가장해서 네가 마법을 함부로 쓰지 않게 하는 것."

"뭐? 그럼 꽃잎에 마법이 있었던 게 아니란 말이야?"

"그래, 마법은 꽃잎과는 상관없었어. 그래서 오늘 너에게 마법의 진실을 알려 주려고 찾아온 거야."

"그럼 대체 지금까지 일어났던 마법의 힘은 어디서 나온 거야? 마법을 부린 게 너야?"

"아니. 나에게는 마법이 없어."

"잘 생각해 봐. 죽어가는 니체가 어떻게 해서 살아났지?"

"내가 입안으로 꽃잎을 넣어 주어서?"

"비명을 지르며 아파했던 할아버지가 어떻게 금방 회복되었지?"

"내가 꽃잎을 주어서?"

"꽃잎에서 마법이 나온 게 아니라면 진짜 마법의 힘은 어디서 나온 것일까 생각해 봐."

"음……. 안 돼. 설마 내 손가락이라고 말하는 것은 아니겠지?"

"일 년 중 단 하루, 단 하나의 생명에게 돕고자 하는 간절한 마음으로 네가 손을 얹으면 그렇게 되는 거야."

"뭐? 내 손에 그런 힘이 있다고? 할머니는 왜 나한테 그걸 말해 주지 않으셨지?"

"할머니는 네 조상님 중 마법을 타고난 분들이 불행해진 경우를 알고 계셔서 그랬어."

"우리 조상이 모두 마법사란 말이야?"

"모든 조상이 다 마법을 타고난 것은 아니고, 아주 드물게 마법의 힘을 지니고 태어난 분들이 있는데…… 그중 대부분이 불행해졌지."

"어떻게 불행해졌는데?"

"마법의 손을 가지고 있다는 소문이 퍼져 나쁜 사람들에게 이용당하기도 했고, 나이 들지 않고 오래 사는 것 때문에 '요괴'라는 소문으로 괴롭힘을 당하기도 했지."

"마법을 가진 것이 소문나서 그랬구나! 내가 회장에게 당했던 것처럼!"

"남을 돕다가 불행해진 조상도 있고, 마법을 너무 믿은 나머지 자만과 탐욕에 빠져 불행해진 경우도 있지. 뿐만 아니라 마법의 힘을 얻은 사람들

조차 자신이 신이라도 된 줄 알고 남들에게 함부로 힘을 휘둘러 원한을 사기도 했어."

"영원히 사는 게 꼭 좋은 것만은 아닌 것 같아."

"신비한 능력을 가지고 있다는 건 그만큼 위험한 일이야. 만약 작년에 회장이 마법의 힘을 얻기 위해 꽃잎이 아니라 너를 납치해 갔으면 어떻게 될 뻔했니? 할머니가 마법의 힘을 꽃잎에서 나오는 것처럼 꾸며 주셨기에 너는 안전했던 거야."

"할머니가 하늘에서도 나를 돌봐 주신 거네."

"이만하면 왜 지금까지 너의 힘을 비밀로 했는지 알겠지? 불로 불사는 함부로 사용해서는 안 되는 마법이야. 앞으로도 네가 마법의 힘을 가지고 자만하게 되면 내가 또 나설 거다."

"그래, 이제 이해되었어. 그런데 네게 하나 궁금한 것이 있는데, 너는 마법이 있는 것도 아니라면서 어떻게 말을 하게 된 거야?"

"500년을 살았잖아. 그러니까 자연스럽게 말을 배우게 되었지. 오래 살게 되면 배우는 것도 아주 많거든."

"그럼 니체도 너처럼 말할 줄 알게 될까?"

"4년 차라 조금밖에 하지 못해. 말을 알아듣긴 하는데 할 수 있는 말은 '그래그래.' 나 '아니아니.' 정도야.

기억을 되짚어 보니 치우가 얼마 전 니체한테 넌지시 했던 말이 떠올랐습니다.

"우리 운동장 가서 놀까?"

대답을 바라고 한 말은 아니었지만 언뜻 "그래그래."라고 누군가 말했습니다. 치우는 그때 자기가 잘못 들은 것으로 생각했지만 말입니다.

치우는 한참 동안 할머니 생각을 했습니다. 이제야 할머니의 뜻을 조금은 이해할 수 있었습니다. 할머니는 죽음을 두려워하지 않는, 무척 용감한 분이었습니다.

"근데 할머니의 진짜 마법은 뭔지 아니?"

"또 다른 마법이 있는 거야? 내 것보다 더 센 거니?"

"그 마법은 지금까지도 이어지고 있지. 바로 너에 대한 할머니의 사랑! 지금도 네 부모님과 나를 통해 이어지고 있잖아."

"사랑?"

"그래, 사랑!"

"네가 할머니를 지금도 그리워하고 생각하는 것은 그만큼 할머니가 너를 사랑해 주셨기 때문이잖아."

"그래, 맞아. 할머니는 언제나 내 편이었어. 할머니처럼 나를 무조건 사랑해 준 사람은 이 세상에 아무도 없어. 지금도 내 마음에 뚜렷이 남아 있는걸."

치우는 순간 할머니 생각에 눈물이 났습니다.

"바로 그거야. 불로불사의 마법을 이용하면 결국 교만해지고 불행해지잖아. 하지만 언젠가 이별한다는 것을 알고, 살아 있는 동안 최선을 다해 사랑하면 그 사람이 세상에 없어도 그 힘을 느낄 수 있지."

"눈을 감고 있으면 내 손을 잡아 주던 할머니의 손길이 느껴져."

치우는 할머니를 떠올리자 가슴이 따뜻해졌습니다.

"이 세상에 사랑보다 센 최고의 마법은 없단다."

"최고의 마법……."

앞으로 마법 능력을 어떻게 사용할지는 더 많이 고민해 봐야겠지만, 확실한 것은 능력을 함부로 써서는 안 되겠다고 치우는 다짐했습니다.

"치우야, 누구랑 말하고 있는 거야?"

나나의 목소리가 들리자 까치는 재빨리 나무 뒤로 몸을 숨겼습

니다. 치우는 나나가 집에 온 줄도 몰랐습니다. 나나는 칼라 꽃을 한 아름 안고 있었습니다.

"누나, 오늘 축구부 파티에 가기로 하지 않았어?"

"응. 초대는 받았는데, 오늘 할머니 제삿날이잖아."

"누나도 기억하고 있었구나."

"그럼, 할머니가 나를 얼마나 예뻐해 주셨는데. 그리고 할머니가 부탁하신 것도 있고."

"할머니가 누나에게 뭘 부탁하셨어?"

"응. 치우, 너 잘 돌보라고."

"그럼 누나, 오늘 나를 위해 일찍 온 거야?"

"어휴, 누나가 아니면 누가 널 봐 주냐. 자, 할머니가 좋아하시는 꽃 사왔으니까 받아."

치우는 나나가 자신을 잊지 않았다는 사실에 기분이 좋아서 나나를 와락 안을 뻔했지만 나나가 놀랄까 봐 꾹 참았습니다.

"치우야. 나나야."

그러는 사이, 할아버지가 멋진 탐험가 차림을 하고 치우네 집 앞에 와 있었습니다.

"할아버지! 어디 가세요?"

"멀리 길을 떠난단다. 네가 치료해 준 덕분에 새로 얻은 내 인생을 의미 있게 살려고 다시 탐험을 시작해 볼까 해."

"탐험이요? 멋져요!"

"그래. 집을 좀 오래 비워 두겠지만, 내가 어딘가에 도착할 때마다 도착 장소가 그려진 그림엽서를 보내 주마!"

"예! 좋아요!"

치우가 우렁차게 대답하자 니체도 말을 알아듣는 건지 신이 나서 꼬리를 흔들었습니다.

"치우야, 네가 날 도와준 건 평생 잊지 않으마. 언젠가 나도 너에게 갚을 날이 올 거야. 누군가가 너를 예상치 못한 상황에 도와줄 수도 있고 말이야. 착한 일은 꼭 되돌아오기 마련이거든."

할아버지는 활기찬 모습으로 마지막 말을 마치고는 길을 떠났습니다. 치우는 탐험 길에 나서는 할아버지의 뒷모습을 보니 마치 액자에 있던 젊은 시절의 할아버지 같다고 생각했습니다. 힘차게 걸어가는 할아버지를 보며 치우는 자기도 저렇게 멋있게 살아야겠다고 다짐했습니다.

'진짜 센 마법이란 이런 거구나.'
어른이 되면 치우도 멋진 탐험가가 될 수 있을 거라고, 토닥토닥 등 두드려 주시는 할머니의 손길이 느껴지는 것 같았습니다.

만일 나라면?

할아버지는 영원히 살게 되어 행복할까?

혼자만 영원히 살게 되는 건 너무 외로울 것 같아.

까치도, 니체도 있는데 뭐가 문제야! 아마 할아버지는 영원히 살면서 하고 싶은 것을 마음껏 할걸?

 치우의 할머니는 늙지 않고 오래오래 살 수 있는 비밀을 알고 있었는데도 그것을 선택하지 않았어. 여러분이라면 삶과 죽음 사이에서 어떤 선택을 하고 싶니?

내가 만약 할머니라면 **영원한 생명을 얻는 길을 선택할 것이다.**
왜냐하면

_____ 때문이다.

내가 만약 할머니라면 **영원한 생명을 얻는 길을 선택하지 않을 것이다.**
왜냐하면

_____ 때문이다.

만일 내가 마법의 힘이 있다면,

나는 이 마법을 _____ 에게 사용한다.

왜냐하면 _____ 때문이다.

만일 내가 마법의 힘이 있다면,

나는 이 마법을 아무에게도 사용하지 않는다.

왜냐하면 _____ 때문이다.

나의 묘비명을 써 보자!

뭉치가 쓰고 싶은 묘비명은 "이 세상의 모든 맛있는 것을 다 맛본 사람 여기 잠들다."였어요. 건축가가 꿈인 새롬이는 "우주 도시를 건설한 건축가, 지구에서 잠들다."였고요. 아래 유명한 인물들의 묘비명을 보고 여러분도 마지막에 하고 싶은 말이 무엇일지 써 보아요.

자신보다 현명한 사람들을 주위에 모으는 방법을 알던 사람, 여기에 잠들다.
— 철강왕 **앤드류 카네기**

나는 아무것도 바라지 않는다. 나는 아무것도 두려워하지 않는다. 나는 자유다.
— 소설가 **니코스 카잔차키스**

어머님 심부름으로 이 세상 나왔다가, 이제 어머님 심부름 다 마치고, 어머님께 돌아왔습니다.
— 시인 **조병화**

그는 하늘의 장벽을 돌파했다.
— 천문학자 **윌리엄 허셜**

살았다. 썼다. 사랑했다.
— 소설가 **스탕달**

200만 부 판매 돌파!

한국디베이트협회

서울시 교육청 추천도서

2017 세종도서 교양부문

2012 문화체육관광부 우수 교양도서

2018 우수과학도서

책나라

2016년 우수건강도서

AI 시대 미래 토론

✅ 뭉치북스가 만든 국내 최초 토론책!   ✅ 초등 국어
✅ 한국디베이트협회와 교

01 함께 사는 로봇	12 과학 Cook! 문화 Cook! 음식의 세계	23 생태계의 파괴자? 외래 동식물	33 얼마나 작아질까? 어디까지 발달할까? 나노 기술과 첨단 세계
02 원시인도 모르는 공룡	13 과학을 훔친 수상한 영화관	24 콸콸콸~ STOP!! 우리나라도 위험해요, 소중한 물	34 찾아라! 생명체가 살 수 있는 또 다른 별, 제2의 지구
03 더 멀리 더 높이 더 빨리 스포츠 과학	14 끝없이 진화하는 무서운 전염병	25 오늘도 나름! 작아서 더 무서운 미세먼지	35 배울수록 더 강해지는 인공 지능
04 까만 우주 속 작은 별	15 지구 온난화와 탄소배출권	26 식량 위기에서 인류를 구할 미래 식량	36 창조론이냐? 진화론이냐?
05 노벨도 깜짝 놀란 노벨상	16 먹을까? 말까? 먹거리 X파일	27 썩지 않는 플라스틱! 지구와 인간을 병들게 하는 환경 호르몬	37 다윈이 들려주는 진짜진짜 진화론
06 지켜라! 멸종 위기의 동식물	17 우리 몸을 흐르는 피와 혈액형	28 나와 똑같은 또 다른 나, 인간 복제	38 모두모두 소중한 생명! 멈춰요 동물 실험
07 도로시의 과학 수사대	18 진짜? 가짜? 가상현실과 증강현실	29 미래의 디지털 첨단 의료	39 유해할까? 유용할까? 생활 속 화학 물질
08 살아 있는 백두산	19 두근두근 신비한 우리 몸속 탐험	30 땅속 보물을 찾아라! 지하자원과 희토류	40 46억 년의 비밀, 생명을 살리는 지구
09 콜록콜록! 오늘의 황사 뉴스	20 우리를 위협하는 자연재해	31 농사일부터 우주 탐사까지, 미래는 드론 시대	41 과학자가 가져야 할 덕목, 과학자 윤리와 책임
10 앗 이런 발명품, 왜 저런 발명품	21 봄? 가을? 경계가 모호해지는 사계절	32 알쏭달쏭 미지의 세계, 뇌	
11 아낄수록 밝아지는 에너지	22 세균과 바이러스 꼼짝 마! 약과 백신		

뭉치수학왕

수학이 쉬워지고, 명작보다 재미있는

100만 부 판매 돌파!

 +

"인공지능(AI) 시대의 힘은 수학에서 나온다!"

개념 수학

〈수와 연산〉
1. 양치기 소년은 연산을 못한대
2. 견우와 직녀가 분수 때문에 싸웠대
3. 가우스, 동화 나라의 사라진 0을 찾아라
4. 가우스는 소수 대결로 마녀들을 물리쳤어
5. 앨런, 분수와 소수로 악당 히틀러를 쫓아내라
6. 약수와 배수로 유령 선장을 이긴 15소년

〈도형〉
7. 헨젤과 그레텔은 도형이 너무 어려워
8. 오일러와 피노키오는 도형 춤 대회 1등을 했어
9. 오일러, 오즈의 입체도형 마법사를 찾아라
10. 유클리드, 플라톤의 진리를 찾아 도형 왕국을 구하라
11. 입체도형으로 수학왕이 된 앨리스

〈측정〉
12. 쉿! 신데렐라는 시계를 못 본대

13. 알쏭달쏭 알라딘은 단위가 헷갈려
14. 아르키는 어림하기로 걸리버 아저씨를 구했어
15. 원주율로 떠나는 오디세우스의 수학 모험

〈규칙성〉
16. 떡장수 할머니와 호랑이는 구구단을 몰라
17. 페르마, 수리수리 규칙을 찾아라
18. 피보나치, 수를 배열해 비밀의 방을 탈출하라
19. 비례배분으로 보물섬을 발견한 해적 실버

〈자료와 가능성〉
20. 아기 염소는 경우의 수로 늑대를 이겼어
21. 파스칼은 통계 정리로 나쁜 왕을 혼내 줬어
22. 로미오와 줄리엣이 첫눈에 반할 확률은?

〈문장제〉
23. 개념 수학-백점 맞는 수학 문장제①
24. 개념 수학-백점 맞는 수학 문장제②
25. 개념 수학-백점 맞는 수학 문장제③

융합 수학
26. 쌍둥이 건물 속 대칭축을 찾아라(건축)
27. 열차와 배에서 배수와 약수를 찾아라(교통)
28. 스포츠 속 황금 각도를 찾아라(스포츠)
29. 옷과 음식에도 단위의 비밀이 있다고?(음식과 패션)
30. 꽃잎의 개수에 담긴 수열의 비밀(자연)

창의 사고 수학
31. 퍼즐탐정 썰렁홈즈①-외계인 스콜피오스의 음모
32. 퍼즐탐정 썰렁홈즈②-315일간의 우주여행
33. 퍼즐탐정 썰렁홈즈③-뒤죽박죽 백설 공주 구출 작전
34. 퍼즐탐정 썰렁홈즈④-'지지리 마란드러' 방학 숙제 대작전
35. 퍼즐탐정 썰렁홈즈⑤-수학자 '더하길 모테'와 한판 승부
36. 퍼즐탐정 썰렁홈즈⑥-설국언차 기관사 '어러도 달리능기라'
37. 퍼즐탐정 썰렁홈즈⑦-해설 및 정답

수학 개념 사전
38. 수학 개념 사전①-수와 연산
39. 수학 개념 사전②-도형
40. 수학 개념 사전③-측정·규칙성·자료와 가능성

독후 활동지

본책 40권+독후 활동지 7권
정가 580,000원